OTAIR ALVES

Quatro

FASES NA VIDA DE QUEM ANDA COM DEUS

Lisboa
2018

Editoração
José Alencar Lopes Jr.
Design de Capa
Messias Freire
Revisão Ortográfica
Daniel Kinchersky
Revisão Teologica
Saullo Stan

S578f   Silva, Otair Alves, 2018.

  4 fases na vida de quem anda com Deus. Otair Alves
Silva - Lisboa. Teneo Publishing House. 2018.

  77 p. ; 21 x 14 cm.

  ISBN **978 85 54860 06 6**

  1. Devocional 2. Ensinos práticos

  I. Título

  CDD 253.8
  CDU 231.75

Dedicatória

Dedico a minha linda esposa Joelma, companheira de jornada, a meus filhos, Herbert e Larissa, a minha mãe Geralda Reis, minhas irmãs Lian e Denise Reis, por terem me recebido aos 9 anos de idade e me dado seu amor, a meus familiares co-sanguineos, eu os amos demais! E ao estimado leitor que certemente sera tocado por esta obra.

Agradecimentos

Agradeço a Catedral da Esperança de Setúbal que me acompanha ao logo dos anos, a meu pastor presidente Hudson Silva e sua familia. Ao pastor Renato Marques e Famila. Aos irmãos, Wesley Bispo, Leandro Nascimento, Lasinho e Eliete Melo, sem vocês esta jornada seria mais difícil.

Índice

Introdução

Querido leitor,

Você está de posse de um livro que falará muito como você, pois, trata de histórias homens que adoram a DEUS.

Não é um livro de muitas páginas com comentários extensos, mas o conteúdo deste livro, certamente levará o leitor a refletir sobre muitas coisas em sua vida.

Neste contexto você irá encontrar os discípulos no caminho de Emaús, verá a forma didática e apaixonante que Jesus usou para lhes fazer lembrar de suas palavras e de tudo o que estavam vivendo. Irá perceber também que não foi por acaso a passagem de Jesus pelo caminho de Jericó, e que o milagre na vida de Bartimeu não foi fruto da casualidade. São passagens como estas que você irá encontrar neste livro, além de descobrir na vida do profeta Elias as 4 fases na vida de quem anda com DEUS. E finalmente o leitor irá navegar num emocionante testemunho de cura na minha vida.

O meu propósito ao escrever esta obra é expor ao leitor a verdade de que não somos os únicos a passar por provas e tribulações, mas que antes de nós muitos servos DEUS ja passaram pelas mesmas e maiores provações mas confiando obtiveram muitas vitórias. Espero que esta obra traga um grande impacto na sua vida, pois a mesma foi escrita debaixo de uma grande unçao da parte de DEUS.

Desde já agradeço aos que participaram deste grande acontecimento, em especial o pessoal da Editora Teneo, que acreditou em minha capacidade de realização desta obra que leva uma mensagem de esperança.

Otair Alves

1 | O Caminho

De fato era: domingo, Jesus já havia ressuscitado e aparecido a algumas mulheres, nesta mesma manhã, mas muitos não acreditaram, nem mesmo quando viram o túmulo aberto e vazio. Neste mesmo dias dois discípulos foram embora para suas casas em Emaús.

Desiludidos com a morte na cruz daAquele que eles acreditavam que seria o libertador do país, voltavam decepcionados, desanimados, abatidos, frustrados, desiludidos, cabisbaixos, reclamando dos últimos acontecimentos. Caminhavam e conversavam sobre suas desilusões. Num determinado trecho da estrada, um homem se junta a eles e pergunta sobre a conversa. Eles não reconhecem, mas era Jesus ele lhes pergunta e os caminhantes contam-lhe os acontecimentos. O Senhor os interpela a dizer: "Como vocês custam para entender..."

Aqui, vemos o poder de uma ultima notícia. Nos tempos em que vivemos diariamente a internet recebe mais informação que havia contida na Biblioteca de Alexandria. Uma quantidade enorme de coisas acontecem a todo instante, há muitos fatores que querem tomar nossa atenção... naquele dia não foi diferente.

É provável que aqueles discípulos tivessem acompanhado Jesus durante boa parte de seu ministério, eram daqueles que Jesus chamou amigos. Eles tinham uma boa visão do conjunto das profecias e sabiam bem as palavras do mestre.

Isso, caro leitor, sem falar no irrefutável conjunto probatório que cercava a resureição "algumas de nossas mulheres foram até o sepulcro", eles não demonstraram dúvidas diante desta afirmação, ainda continuaram "Alguns de nossos irmãos... tendo CONFIRMADO".

Recordemos os fatos, as palavras da profecia, os ensinamentos de Jesus, o testemunho das mulheres, a confirmação dos homens, os corações ardendo... mas a notícia e seu alarde os tinha tirado do "prumo" e atônitos eles tomaram a única medida que não deveriam. Voltar!

Mas havia um amado Senhor que com eles estava caminhando, logo depois de sua glorificação. Seus corações ardiam, seus lábios não cessavam de falar... mas estavam indo na direção oposta, a ordem do Senhor era "ficai em Jerusalem até que do alto sejais revestidos com poder"

Então, ele explica didaticamente tudo que estava acontecendo: a morte, ressurreição, profecias, etc.

Os dois escutam admirados, mas não reconhecem o Mestre. Note bem: Os seus discípulos e não o reconheceram.

Caro leitor, ele deseja acompanhar-te em todos os lugares! Entenda que no Reino de Deus não há acasos, nada foge a seu controle. A Bíblia é clara e enfática em dizer: Quando passares pelas águas estarei contigo, e quando pelos rios, eles não te submergirão; quando passares pelo fogo, não te queimarás, nem a chama arderá em ti (Is. 43:2).

Nos momentos de turbulência que Deus nos surpreende. Com sua presença, ele nos protege dos perigos desta vida; Jesus aparece entre os discípulos com um objetivo: arrancar as dúvidas dos seus corações e trazer a alegria de volta, o sorriso, e a esperança.

"Para Deus não há acasos, há propósitos"

FOI COM UM PROPÓSITO...

Caro leitor, é comum nos depararmos com situações que parecem ser imutáveis. Alguns chamam isto de sorte, há um adágio popular que diz "A sorte é como um raio, nunca se sabe onde vai cair", outros chamam de destino "o destino baralha as cartas e nós jogamos" diria Artur Schopenhauer.

Para além deste fatalismo que será tema de outro livro, precisamos considerar que nossas escolhas interferem no resultado de nossas jornadas. É preciso entender que estamos submetidos a soberania atuante de Deus.

Não devemos acreditar na sorte em provérbios isto esta muito claro *"A sorte se lança no regaço, mas do SE-NHOR procede toda a determinação"* Provérbios 16:33

Não há destino *"As primeiras coisas desde a antiguidade as anunciei; da minha boca saíram, e eu as fiz ouvir; apressuradamente as fiz, e aconteceram"* Isaias 48:3

Precisamos considerar que o Eterno tem um plano individual para cada um de nós. *"... antes que te formasse no ventre te conheci"* Jeremias 1:4. Ao olharmos a criação e entendemos que tudo tem um propósito, no cosmos e em nossas vidas.

Jesus, quando passou pela "maldita" cidade de Jericó tinha um propósito de mudar a vida de Bartimeu

> *"E aconteceu que chegando ele perto de Jericó, estava um cego assentado junto do caminho, mendigando. E, ouvindo passar a multidão, perguntou que era aquilo. E disseram-lhe que Jesus Nazareno passava. Então clamou, dizendo: Jesus, Filho de Davi, tem misericórdia de mim. E os que iam passando repreendiam-no para que se calasse; mas ele clamava ainda mais: Filho de Davi, tem misericórdia de mim! Então Jesus, parando, mandou que lho trouxessem; e, chegando ele, perguntou-lhe, Dizendo: Que queres que te faça? E ele disse: Senhor, que eu veja. E Jesus lhe disse: Vê; a tua fé te salvou. E logo viu, e seguia-o, glorificando a Deus. E todo o povo, vendo isto, dava louvores a Deus."* Lucas 18:35-43.

Um homem cego, que vivia mais sentado do que de pé, sendo humilhado, rejeitado por sua situação.

Pense comigo, quem gostaria de ir ao centro comercial, jantar, passear, ou brincar com um mendigo? A presença de Jesus é a solução de Bartimeu. Cristo mandou trazer o desprezado da sociedade.

Para ele (Bartimeu) tornar a ver teria e mesmo efeito que limpar as feridas ao leproso, que sarar as magoas do coração ferido... Bartimeu fora curado de sua cegueira, saiu da beira do caminho, largou sua capa e o milagre foi completo.

"Mais que curado, reinserido no seio da sociedade. Daquele dia em diante ele proporia em seu coração, não mais esmolas"

|

2 | O Propósito

Todas as vezes que Deus se aproxima ele tem um propósito. Há uma máxima no empreendedorismo que diz "não há acasos, onde há planejamento". Lembra-se de Isaias 48:3? Tudo esta pré-estabelecido diante dos olhos do eterno Deus.

Ele se aproximou de Gideão no lagar porque tinha um propósito queria mudar sua vida.

Gideão carregava um sentimento de pobreza, rejeição, inferioridade, pensava pequeno, incapaz, imprestável, amargurado, triste, infeliz, esquecido da sociedade e sem esperança.

Trabalhando no lugar errado, pois o lagar é um local onde se pisam frutos para separar sua parte líquida da sólida - como as azeitonas para fazer azeite ou as uvas para elaborar vinho. Ele estava malhando trigo onde se produz vinho ou azeite. O lugar certo de malhar o trigo seria na eira, que é um espaço plano com um chão duro, de dimensões apropriadas, onde os cereais eram malhados e peneirados, depois de colhidos, com vista a separar a palhas e outros detritos dos grão. Ele estava se escondendo dos inimigos de seu povo, os midianitas, pois tudo o que eles plantavam, esses vinham e roubavam e por sete anos Israel esteve nas mãos dos midianitas.

Deus se aproximou e mudou a vida de Gideão, que passou a acreditar que de fato tinha importância para a nação de Israel. A presença de Deus era razão sobeja para lutar! Lutar pela família, pelos amigos e principalmente o combate da fé. A fé cresceu dentro de Gideão. Ele não era mais um homem sem direção, mas sim um homem com propósitos. Ele foi valente, corajoso, obediente.

Chegou o dia da grande batalha (Juízes 7). Gideão conduziu seu exército de 32.000 israelitas para o campo de conflito contra 135.000 midianitas. Sua desvantagem militar era de 4 contra 1! Deus não deixou Gideão entrar na batalha com este número de soldados. Em duas etapas, ele diminuiu a força militar de Israel. Primeiro, 22.000 homens voltaram para casa, e os midianitas ficaram com uma vantagem de 13,5 contra 1. Na segunda etapa, Deus mandou embora mais 9.700 israelitas, deixando Gideão com apenas 300 soldados. Para vencer o inimigo, cada soldado israelita teria que vencer 450 homens.

A vitória de Gideão foi esmagadora, Deus, na sua perfeita sabedoria, tinha um propósito: resgatar o seu povo das mãos dos midianitas, restabelecendo a adoração a Deus.

Há nesta história 6 verdades que podemos aprender com o Senhor e estas mesmas estão presentes no caminho de Emaús:

1. Despertou os corações dos discípulos.

2. Fez voltarem ao propósito inicial.

3. Acrescentou a sua fé.

4. Fez acreditarem nas promessas.

5. Abriu os seus olhos.

6. Fez valorizar o sacrifício (calvário).

3 | Deus nunca erra![1]

[1] Livro A Palavra Professada Gera Vida, Bispo Cesar Augusto. Disponível em www.editorateneo.com

S omos nós que erramos. Por isso precisamos vigiar, que aquilo que colocamos nas mãos de Deus, através da nossa oração, foi ligado na terra e está ligado nos céus. Deus não é esquecido, ele não tem a memória fraca. Se você crê em sua oração, se leva uma vida de santidade, por que se preocupa? O que sair da nossa boca, isso sim, é registrado. 'Morte e vida estão no poder da língua, o que bem a utiliza come do seu fruto'.

A oração dos retos é o seu contentamento. Quanto mais caminhamos com Ele, passamos a conhecer melhor o Senhor e confiar mais, e crer mais. E assim muitas vezes, dizemos que confiamos e as nossas atitudes dizem o contrário. Abraão conhecia Deus e confiava, porque Deus o considerou? Porque Abraão confiava e tinha intimidade. Que os nossos ouvidos estejam aguçados para ouvir a voz do Espírito Santo, para que não venhamos a cair nas ciladas de Satanás.

Deus tem prazer em responder você. Ele quer investir na sua vida, pois Ele acredita em você. Podem até não acreditar, mas Deus ouve com atenção a sua oração. Em salmos 34.15 diz: *"Os olhos do Senhor repousam sobre os justos, e os seus ouvidos estão abertos ao seu clamor."* Ore, leia a palavra e automaticamente, você já tem a resposta de Deus, expressada em sua palavra.

Veja que você tem autoridade para ligar e desligar a Palavra, mas fique atento para o que você está ligando e desligando na terra. O nome de Jesus é a chave que destrava as portas e as janelas do céu.

Nós precisamos ser parecidos com uma esponja. Não cheia de água, mas sim de Jesus, pois quando Satanás apertar você só vai sair Palavra. Tem muitas pessoas que em uma situação difícil dizem: "Agora só Deus!" Ainda bem irmão, que é o Todo poderoso!

Veja se fosse o contrário. Você é o melhor de Deus nesta terra e o Pai tem todas as respostas para sua vida. Em tudo você é mais que vencedor. Não diga que a vitória nunca vem, nem use a palavra 'desistir'. Eu vejo que esta palavra tem que sair da boca do cristão.

Havia uma mulher que ia desistir do marido. Ela orava, jejuava, fazia propósito e nada. Quando, um dia, depois de muitos anos, o marido resolveu ir à igreja e, chegando lá, o Pastor foi dirigido pelo Espírito Santo a pregar a mensagem sobre a genealogia de Jesus. E isso aborreceu muito à mulher. Ela ficou só murmurando, resmungando, dizendo: "Como o Pastor faz algo assim, o primeiro dia que meu marido vem à igreja, acontece este tipo de pregação?"

Então, logo ao terminar a mensagem o pastor perguntou: "Alguém gostaria de aceitar Jesus em seu coração nesta noite?" Imediatamente, aquele homem levantou-se e disse: "Eu!"

Neste, momento ela emudeceu, pasmou, sem entender nada, mas ele disse: "Eu quero participar desta família; eu, em toda a minha vida nunca vi uma família tão organizada, de geração em geração, igual a esta!" Deus seja louvado!

O Espírito Santo conhece todas as coisas e não são os olhos carnais, ou nossos pensamentos, ou nossos conceitos que vão determinar o que está dentro de cada ser humano.

Por mais que você viva com uma pessoa durante anos, conheça seus hábitos e muitos de seus desejos, quando se fala de espiritualidade, é algo interno que só o próprio Deus conhece. Aquela mulher estava abortando a sua benção. Por se achar espiritual, por que tinha 30 anos de igreja. Isso mostra que idade de igreja não quer dizer tempo de intimidade com Deus. Não olhe para o tempo que você tem de igreja, mas olhe para o tempo que você tem com Deus. Isso acrescentará momentos de muita intimidade sua com o Pai.

Jesus falou em João: *"Pai te dou graças porque me ouve."* O que acontece com a nossa oração, quando a nossa palavra professada não permite o agir de Deus? Existem alguns inimigos que se infiltram na nossa vida de oração para roubar e impedir a manifestação do poder de Deus.

Primeiro quero relatar o relacionamento familiar. Se este não estiver em concordância, fica difícil o agir de Deus.

E, buscando o entendimento, podemos dizer: Família forte = Igreja forte.

Outros inimigos são: falta de perdão, contenda, motivação errada, desobediência, incredulidade (dúvida), confissão errada, falta de entendimento da nossa posição em Cristo, e assim não podemos usufruir daquilo que não conhecemos. Em Oseías 4.6: *"O meu povo está perecendo, pois lhes falta conhecimento."*

Hoje em dia, nós estamos vendo uma igreja que abre a boca e pede. Pede e ora. Ora e clama. Clama e não conhece em que posição está em Cristo Jesus. Não conhece a autoridade que possui, nem como deve professar a palavra.

Certa oração de cura de um cristão dizia: "É Senhor, se for da tua vontade, cure este enfermo". Olhando bem, Jesus devia estar dizendo: 'Tudo que fiz por ele não valeu de nada! Onde está a autoridade que eu dei a ele para curar enfermos, libertar os cativos? E tudo que está na minha palavra já é da minha vontade!' Esta posição o cristão não assume, continua querendo que alguém faça algo por ele. Mas creia, já existe uma autoridade delegada para sua vida. Delegar significa transferir a autoridade, aquela que Jesus transferiu para nós independe de poder aquisitivo, de posição social, de posição de conhecimento ou estudo.

Um guarda de transito em sua posição faz parar o Presidente da República no seu melhor estilo de carro. Assim também é o poder de Deus, através do Espírito Santo repousando sobre cada cristão nesta terra. Não aceite as mentiras de Satanás dizendo que só o seu pastor que pode repreender ou orar, ou as mulheres de oração. Enfim, é você mesmo! Professe a palavra de autoridade crendo e os montes desabarão da vida dos que sofrem, dos que choram com suas sentenças de morte, pois a enfermidade é fabricada no laboratório do inferno e Satanás veio para matar, roubar e destruir, você veio para acabar com todas as ciladas de Satanás, através do poder do nome de Jesus! Neste nome há poder. Oh! Glória! Esta é a nossa herança: o nome de Jesus.

Disse Jesus: *"Se alguém me ama, guardará a minha palavra; e meu Pai amará, e viremos para ele e faremos nele morada."* (João 14.23).

Como você entende esta passagem? Ah! Que Jesus habita em você, que Deus habita em você, que o Espírito Santo habita em você? Muito bem! Mediante tudo que o Espírito vem falando a você neste livro: como você entende Ele também dizer em João 17.21: *"A fim de que todos sejam um; e como és tu, ó Pai, em mim e eu em ti, também sejam eles em nós, para que o mundo creia que tu me enviaste"*. E Ele acrescenta: *"Eu lhes tenho transmitido a glória que me tens dado, para que sejam um, como nós o somos; Eu neles, e tu em mim, a fim de que sejam aperfeiçoados na unidade."* (V. 22 e 23).

Ficou mais claro que, para quem guarda a palavra do Senhor e vive em santidade, resplandecendo o Espírito Santo em seu rosto, o poder do Senhor, operando através do poder da sua palavra revelada e executada através da palavra professada.

Você está no mesmo nível de Jesus para fazer a sua obra. Entendeu o que estou querendo mostrar? Você é 'um' n'Ele como Ele é 'um' no Pai. Veja o aperfeiçoar da unidade. Em Colossenses 2.12: *"Tendo sido sepultados, juntamente com Ele, no batismo, no qual igualmente fostes ressuscitados mediante a fé no poder de Deus que os ressuscitou dentre os mortos."* Mediante o nosso novo nascimento, o nosso ressuscitar nos leva a estar na mesma posição de Jesus, posição de filho para exercer toda obra encarregada pelo Pai. Lembre-se Jesus falou: 'Pai que como eu estou em ti e tu está em mim, e aquele que me ama e guarda a minha palavra, esteja em nós para que sejamos um.'

O Espírito Santo está sobre ti, declare esta palavra e veja que ela traz resultados. Continue vendo o que Deus quer fazer através da sua vida. Não para mostrar aos irmãos que somos estrelas, a chamar atenção e haja desigualdades, mas para que você lembra que é sal, o sabor, a diferença. Porque você crê e isso muda tudo. Ainda que seja caluniado, continue a exercer aquilo que o Pai confiou a você, sinta-se um filho escolhido e útil na boa obra a que foi chamado. Não se envergonhe do evangelho, nem se assuste do aleijado andar depois que a palavra sair da sua boca. Levanta em nome de Jesus!

Não é você, é o Senhor, habitando em você. Continue libertando os cativos, curando os enfermos e agindo assim vai cumprir o que Jesus disse, que nós faríamos obras maiores do que Ele. Em verdade Ele estava dizendo: 'O meu ministério aqui na terra será de apenas três anos e meio, vocês terão muitos e muitos anos, não parem! Eu tenho pressa! Há vidas se perdendo! Vai! Pode falar, eu garanto a minha palavra, e velo por Ela para que se cumpra em sua vida de uma forma sobrenatural.'

A palavra diz em Colossenses 1.11 e 12: *"Sendo fortalecidos com todo o poder, segundo a força da sua glória, em toda perseverança e longanimidade, com alegria, dando graças ao Pai, que vos fez, idôneos à parte que vos cabe por herança dos santos na luz."*

Esta herança é o nome de Jesus. Para que você possa

usar para combater todas as artimanhas de Satanás, mostrando que você tudo pode Naquele que está em você. Ele só espera você falar para começar o agir do Espírito Santo em sua vida. Ande, se mova, pois o Espírito se move. Não pare, não se cale, profetize e seja um homem de Deus ou uma mulher de Deus que vive na sua excelência com Jesus, não espere partir para a glória para querer reinar com Cristo. Você vai reinar é em vida (Rm 5.17). A morte d'Ele tem um significado muito maior do que morrer pelos nossos pecados e se confessarmos teremos vida eterna. É muito mais, muito mais.

É você se colocar na posição de filho e herdar o melhor de Deus e fazer valer a sua palavra declarando, vivendo o melhor de Deus nesta terra. O Senhor te escolheu para ser um vencedor, para vencer as adversidades todos os dias. Jesus disse: *"no mundo tereis aflições, mas tende bom ânimo eu venci o mundo".* Você também pode vencer. Você tem fé e é nascido de Deus, pois está escrito em 1 João 5.4 e 5: *"Porque todo aquele que é nascido de Deus, vence o mundo; e esta é a vitória que vence o mundo a nossa fé. Quem é o que vence o mundo, senão aquele que crê ser Jesus o filho de Deus?".* E para nós, que guardamos a sua palavra, Ele habita em nós, e somos um nele como Ele é um no Pai. Isto faz você crer em um novo estilo de vida, onde você não apaga o Espírito de Deus.

Você já começa a lembrar de que o seu vizinho está enfermo e você pode ir lá e dar uma ordem para que a enfermidade sair em nome de Jesus e ela sai. Foi para isto que o Senhor chamou você. E o Espírito Santo começa a lembrá-lo de libertar aqueles que estão presos em cadeias espirituais, pois Satanás tem aprisionado suas mentes e tem trazido depressões e até suicídios, amarguras, tristezas e tudo de ruim, fabricado lá no laboratório do inferno para matar e destruir o que Deus criou com tanto amor. E por não conhecer este Deus tão maravilhoso, e como também não conhecer o seu poder e estar nas garras de Satanás. Mas, hoje, você já sabendo quem é em Cristo Jesus, tudo muda. E os seus galardões aumentarão dia após dia. Fique em paz, nos campos celestiais todos os demônios o respeitam, pois esta autoridade foi dada por aquele que está dentro de você.

Autoridade não é um sentimento. Você não precisa se sentir com autoridade. Autoridade é um direito do crente.

Autoridade Delegada – Significa – Transferida.

Há uma força em você que foi dada pelo Senhor Jesus. Você pergunta: "como posso acreditar que posso todas as coisas?" Saiba esta força vem do Senhor, procure apagar tudo aquilo que diz ser esterco. A sua medida do conhecimento em autoridade é a medida que você vai andar. Não precisa você ter feito seminário de teologia para você ter autoridade.

Paulo falou: 'Eu não quero ensinar sabedoria humana, mas demonstração do poder.' Você pode dizer: 'Eu sou maior, milhões de vezes por dentro do que por fora.'

Para os incrédulos se faça de surdo e abra os ouvidos para Deus e isto vai mudar o seu ministério, a sua vida e a sua saúde. Deus tem propósito de nos delegar autoridade. Ele quer manifestar o seu poder através da sua igreja.

Como as pessoas viram Deus no tempo de Jesus? Pela pessoa de Jesus. Ele representou Deus aqui na terra. A igreja do Senhor não representará Jesus, se não for por esta autoridade. A Bíblia nos relata que sempre foi da vontade de Deus dar autoridade ao homem (Gn 1.26). A palavra 'domínio', significa ter controle absoluto, ter poder, autoridade sobre algo, prevalecer; fazer com que a terra obedecesse. Adão viveu centenas de anos no melhor de Deus, em obediência, mas quando ele deixou de ouvir a Deus, ele transferiu esta autoridade para Satanás. A autoridade foi atingida, houve maldição sobre a terra, e a natureza aguarda redenção (terremotos, tsunamis, tempestades). Não é da vontade de Deus que isto aconteça. Seu caráter é amor. Mas, há uma permissão para que o deus deste século faça essas coisas acontecerem. Vejamos o que diz, 2 Co 4.4 'Nos quais o deus deste século, cegou o entendimento dos incrédulos, para que lhes não resplandeça a luz do evangelho da glória de Cristo, o qual é a imagem de Deus.'

Neste país onde houve o tsunami, a prostituição reina, a adoração a outros deuses. Em outros países, muita fome e miséria. Vendendo criancinhas de nove anos em diante para prostituição. Outros países adorando a deuses estranhos, sacrificando vidas com magia negra. Isso agrada a Satanás e há permissão de Deus para que o destruidor aja conforme o seu caráter. Ele cegou o entendimento da humanidade, muitos cristãos passam quatro horas na internet e não conseguem passar 30 minutos lendo a Bíblia, conhecendo a vontade de Deus. Veja como você está andando com Jesus.

Se você é discípulo, você anda igual ao mestre. Jesus "não respeitou" quem não era digno de respeito como fariseus e escribas e não tinha medo. Ele mandava a tempestade parar, venceu a morte. E aprenda algo: não mataram Ele, Ele se entregou a morte. É diferente. Foi por mim e por você. Não aceite derrota, não aceite ser cauda. Jesus equipou os 70 com autoridade, esta autoridade delegada é para os discípulos. E nós somos o quê? Ele disse que nada, absolutamente nada, nos causará dano. No mundo espiritual não há distância e o diabo tem bons ouvidos, se não tem vai ter que abrir, o grito de glória a Deus e aleluia que sai da sua garganta, do seu coração, atinge a atmosfera onde estão os demônios e eles caem! Amém? Nossa geração é poderosa. Geração que vai ver a glória de Deus, você tem que usar autoridade, declarando a palavra, professando.

Mas, cuidado! O medo é uma porta. Autoridade não está sobre os grandes pregadores e nós não estamos em uma guerra, apesar de que o diabo quer que você pense assim. Jesus está acima de tudo e Ele já venceu tudo, por isso somos mais que vencedores. Já encontramos uma batalha vencida, pode vir o 'exu-caveira', 'Zé pelintra', o Senhor está acima de todos, Ele é o cabeça e transferiu o poder para a sua igreja. O Senhor Jesus está assentado à direita do Pai, recebeu toda autoridade e que foi passada para nós. Ele deixou bem claro: 'vocês vão pregar o evangelho e eu vou dar todo aparato, eu vou dar credenciais, e os sinais irão acompanhar os que creem.' Ele não disse aos crentes, aos pentecostais, aos católicos. Ele disse aos que creem. Então, vamos fazer mais uma análise de como estamos andando com Jesus. Se estamos usufruindo o melhor de Deus, se estamos fazendo valer a sua palavra, ou também se valorizamos a sua morte, e o seu NOME como herança. Ele disse: 'Em meu nome expelirão demônios.' Aprenda que se o diabo não respeitasse esta autoridade sobre nós, se ele não tivesse medo deste nome que está sobre todo nome, ele já teria nos destruído. Por tudo isso dê graças e faça valer este privilégio de receber adoção de filho e receber este poder sobre a sua vida e viver um novo estilo de vida. Dê graças pelo alimento, pelas vestes, pela saúde, pela paz, por tudo. Se você estiver em um restaurante e for comer, dê graças. Nós somos representantes de Jesus. Não somos agentes secretos! Nas mãos de cada crente há uma procuração no mundo espiritual dada por Jesus, o seu NOME, mas se você colocar na gaveta, não vai poder usufruir dos benefícios. E ainda tem muito mais: você é chique, você representa um reino, uma embaixada celestial! Olha o que diz 2 Co 5.20: *"De sorte que somos embaixadores em nome de Cristo, como se Deus exortasse por nosso intermédio."* Em nome de Cristo, pois rogamos que vos reconcilie com Deus. Se junte a nós, ao exército do Senhor Jesus e sejamos um n'Ele. Sejamos a sua Igreja, fortalecida em seu poder, agindo como Jesus agia, fazendo tudo aquilo que o Senhor preparou para os que o amam, tornando visível todas as coisas através da fé, da palavra professada, do declarar a sua palavra crendo e recebendo. Se você quiser conhecer a Deus, conheça a vida de Jesus.

Hebreus 1:1-2: *"Havendo Deus outrora, falado muitas vezes e de muitas maneiras, aos pais, pelos profetas, nestes últimos dias, nos falou pelo filho, a quem constituiu herdeiro de todas as coisas, pelo qual também fez o universo".*

Quando o Senhor fala nestes últimos dias, pois o tempo de Deus é Kayrós, tempo da plenitude, lembre-se que do início de tudo até Jesus durou muitos anos e destes últimos dias até hoje são mais de 2000 anos. Isso nos faz entender que o nosso tempo é cromos, e quando junta o tempo de Deus com o nosso tempo, o milagre acontece. Busque conhecer o Senhor Jesus. Espere o tempo de Deus. Faça tudo crendo, olhando que Jesus é o mesmo de ontem, hoje e sempre. Ele nunca mudou e jamais irá mudar.

4 Quatro fases na vida de quem anda com Deus.

1.   Fase Profética.

> *"Então Elias, o tisbita, dos moradores de Gi-*
> *leade, disse a Acabe: Vive o SENHOR Deus de Is-*
> *rael, perante cuja face estou, que nestes anos nem*
> *orvalho nem chuva haverá, senão segundo a minha*
> *palavra. Depois veio a ele a palavra do SENHOR,*
> *dizendo: Retira-te daqui, e vai para o oriente, e es-*
> *conde-te junto ao ribeiro de Querite, que está dian-*
> *te do Jordão. E há-de ser que beberás do ribeiro; e*
> *eu tenho ordenado aos corvos que ali te sustentem"*
> *(1 Reis 17:1-4).*

A fase profética na vida de um amigo de Deus não é fácil, pois às vezes suas mensagens não são aceitas pelos homens, por virem da parte de Deus. Assim foi com Elias: sua mensagem não foi aceita pelo rei Acabe e sua esposa, Jezabel, que ameaçaram de matar o profeta. Ainda hoje nos nossos dias, homens de Deus são rejeitados, maltratados, por pregar a verdadeira Palavra de Deus. Por exemplo: missionários e pastores que perderam as suas vidas, e que ainda em pleno século XXI, são rejeitados e ameaçados de morte por entregar as suas mensagens proféticas e pregarem a palavra de Deus. Assim aconteceu com Elias nesta fase Profética em sua vida. A fase do profético na vida dos servos de Deus tem ainda um aspecto positivo, pois o homem de Deus pode ser um instrumento nas mãos do Senhor a fim de através das profecias produzir: edificação, exortação e consolação aos membros do corpo de Cristo (1Co 14:3). Ao observamos o ministério terreno do Senhor Jesus Cristo veremos Ele também como um profeta de Deus Pai:

"Disse-lhe a mulher: Senhor, vejo que és profeta." (Jo 4:19). Nesta passagem citada o profético foi decisivo na evangelização da mulher samaritana, a ponto de ela reconhecer Jesus como profeta de Deus por Ele ter dito verdades sobre a vida dela.

> *"E no último dia, o grande dia da festa, Jesus pôs-se em pé, e clamou, dizendo: Se alguém tem sede, venha a mim, e beba. Quem crê em mim, como diz a Escritura, rios de água viva correrão do seu ventre. E isto disse ele do Espírito que haviam de receber os que nele cressem; porque o Espírito Santo ainda não fora dado, por ainda Jesus não ter sido glorificado. Então muitos da multidão, ouvindo esta palavra, diziam: Verdadeiramente este é o Profeta."* (Jo 7:37-40).

Nesta passagem acima Jesus foi reconhecido como profeta por causa das suas palavras de salvação e pela promessa do Espírito Santo.

E por fim encontramos também dois relatos do profeta Ágabo em Atos do Apóstolos 11:28-30; 21:10-14, nos dois casos ele agiu sob inspiração do Espírito Santo para alertar de uma fome que viria e das cadeias e sofrimentos que Paulo experimentaria em Jerusalém, sendo boca de Deus para que a Igreja avançasse e se preparace a fim de ajudar os outros irmãos. (Saullo Stan)

2.   Fase da Dependência de Deus

Não foi por acaso que Deus mandou Elias para o ribeiro de Querite. Era uma fase de experiência, crescimento espiritual, intimidade, revelação, aprendizagem, amadurecimento, viver na dependência de Deus. Quem não passa pelo ribeiro não terá história para contar, então faça sua história! Não corra do ribeiro. Se Deus está te chamando então aceite o desafio, tu irás crescer, lá você vai aprender a amar, a perdoar, e esperar o tempo do Senhor. A bíblia diz: [...] *o choro pode durar uma noite inteira, mas a alegria vem pela manhã* (Salmos 30:5).

Aproveite este momento para avançar e não olhe para trás. Faça como fez Davi, que ao enfrentar o gigante Golias, não se distraiu pelo barulho que fazia quando vinha em sua direção, nem pela sua altura que aproximadamente era de 3 metros. No combate que teve contra Davi, Golias usava uma cota de malha de bronze que pesava 5000 ciclos (57 kg). Como Davi era um rapaz ainda, provavelmente só a cota de malha de Golias já atingia seu peso. Mas Davi ainda tinha que lutar com um gigante que carregava um grande escudo para proteção e uma lança, cuja ponta de ferro pesava 600 ciclos (6 kg) - sua haste foi descrita na Bíblia como "eixo dos tecelões". Mas, o Senhor estava ao lado de Davi, o homem considerado segundo o coração de Deus, que quer dizer "amigo".

Ele está te treinando para algo grande, então fique firme, pois tu és uma flecha na mão do arqueiro - quando menos esperar, ele vai te lançar.

> *"Deus cuidou da vida de Elias, e os corvos lhe traziam pão e carne pela manhã; como também pão e carne à noite; e bebia do ribeiro. E sucedeu que, passados dias, o ribeiro se secou, porque não tinha havido chuva na terra. Então veio a ele a palavra do SENHOR, dizendo: Levanta-te, e vai para Sarepta, que é de Sidom, e habita ali; eis que eu ordenei ali a uma mulher viúva que te sustente" (1 Reis 17:6-9).*

É assim que Deus faz com quem O obedece, Ele levanta pessoas para nos servir.

No ano 2009 me lembro que estive visitando um campo missionário na Espanha em Vilalba, e num domingo de manhã comecei com uma tosse sem fim.

Chegando em Portugal, fui ao hospital, e as enfermeiras disseram: "este paciente tem que ir às pressas para o balão de oxigénio!"

Fiquei muito assustado. Era uma quarta-feira, e aconteceria o estudo bíblico na igreja onde sou pastor. Estava tudo preparado para ministrar a Palavra de Deus, mas fui surpreendido, já que fui ao hospital para tirar uma radiografia do pulmão apenas. Mas, me levaram para uma sala isolada, onde ficam os pacientes que estão em estado grave. Foi confirmada uma bactéria desconhecida, e fui isolado durante 7 dias. As pessoas só entravam com máscaras e luvas, e foi uma situação muito desagradável. Minha família, amigos e irmãos me visitaram e olhavam para mim com lágrimas. Também recebi a visita do meu Pastor Presidente Hudson Silva, junto com a Directoria Mundial do Ministério CPEAD - aproximadamente vinte pastores vieram me visitar.

Me abraçavam e choravam comigo. Me lembro que um dos dias em que me levaram para tirar uma radiografia. Aquela manhã foi dolorosa, pois fui esquecido no corredor, e por algumas horas fiquei na cadeira de rodas e com o balão de oxigénio sozinho, não conseguia chamar ninguém e nem me locomover.

Nesse momento uma irmã da nossa igreja me procurava no hospital. Foi muito difícil para mim, como pastor dela, sendo visto no fundo de um corredor sem saída, naquela situação - ao me ver ela se entristeceu muito, pois se travava de um líder espiritual, um motivador para ela, que sempre estava alegre, trabalhando, motivando as pessoas, levando-as a confiar em Deus, em qualquer situação. Mas, naquele momento pude mostrar para ela que não se pode esconder o sorriso, a nossa fé em Deus e a nossa esperança.

Nos momentos que estamos passando por uma dificuldade Deus sempre levanta alguém para estar conosco. Deus levantou uma pessoa amorosa, carinhosa e amiga, a minha esposa Joelma, além de meus filhos Larissa e Hebert, e meu irmão Jair que também me ajudou.

Toda a igreja estava em oração, porque eles acreditavam que era só mais um ribeiro de Querite, uma cova dos leões, uma cisterna de José, um lagar de Gideão, uma prisão de Paulo e Silas.

Tive que enfrentar dezesseis dias no hospital, com a certeza que Deus estava comigo. Entendi que Deus trabalha na vida de quem é seu amigo e me senti amado. Aproveitei a oportunidade para crescer, mergulhei na intimidade com Deus, e vi que esses foram os melhores momentos da minha vida com o Senhor. Naquela sala pude falar com Deus numa profunda intimidade, apenas Ele e eu! Ele me encheu de força, ampliou minha visão, acrescentou minha fé, e me fez ver o quanto eu precisava conhecê-lo, não de ouvir falar, mas de andar com Ele.

O Diácono Gilson, que era o líder da Web rádio Shekinah de Deus, de nossa igreja, instalou a rádio na sala de visitas do hospital, onde pude ministrar o culto ao vivo. Cada culto Deus mandava mensagens poderosas para transmitir à igreja. Depois de algum tempo finalmente o meu estágio estava chegando ao fim.

Assim como chegou o fim do estágio do ribeiro Querite na vida de Elias, quando Deus manda ele para Sarepta.

3.   Fase da Provisão

Temos aqui uma mulher sem nome, sem marido, sem alimento, sem esperança e perto de ficar sem seu único filho. Tudo o que lhe restava era um punhado de farinha, azeite e a certeza da morte imposta pela fome. Uma mulher que aparentemente não tinha nada a oferecer a ninguém e nem mesmo a si própria.

É bem possível que jamais pensara que Deus poderia usá-la. Mesmo porque visivelmente não tinha nada que pudesse ser útil, sua situação era digna de pena.

Mas, é justamente a essa mulher que Deus reserva uma tarefa muito especial. Ela foi chamada para ser suporte de Elias, que havia sido chamado por Deus para enfrentar a idolatria a Baal, que estava sendo imposta ao seu povo. Veja a situação:

O Profeta Elias estava fugindo da fúria de Acabe e Jezabel, pois esses queriam matá-lo. Deus manda que ele vá a Sarepta, porque ali Ele o sustentaria. Por não ver a situação, mas o que a controla, Elias, através da obediência ao seu chamado, pôde sobreviver durante os 3 anos e meio de seca, vivendo diretamente do milagre de Deus e, assim, sendo preparado para enfrentar os profetas de Baal.

Mas, como Deus faria isso? Através de uma mulher viúva!

Que situação! Perseguido, jurado de morte e agora teria que depender de uma pobre viúva! É... os métodos de Deus são tão diferentes dos nossos. Deus financia seus propósitos, mesmo que aparentemente as circunstancias apontem para uma ruina, Deus é Senhor sobre a história.

Ao chegar à cidade, Elias a vê apanhando lenha e a chama. Por que ela? O que, naquela mulher, chamou a atenção do profeta?

Ele a chamou, e lhe disse: trazei-me, peço-te, num vaso um pouco de água para beber. Na autoridade de profeta, Elias estava dizendo *"sou enviado do Deus vivo para mudar sua história neste país e nesta cidade, vai acontecer uma revolução em sua vida".* Deus sempre vai nos pedir algo antes de marcar nossas vidas com milagres. Aprendemos com esta viúva de Sarepta, com suas atitudes: ela não murmurou, não reclamou, não negou, não duvidou do profeta.

Bem sabia ela que todas as vezes que um profeta ou anjo ou o próprio Deus chegava, sempre trazia providência e unção do milagre. Ela viu que era uma oportunidade para crescer.

Deus aparece para Moisés em teofania na sarça com um objetivo: convocá-lo para uma missão (Êxodo 3:7-8). Davi, recebe a visita do profeta de Deus, Samuel, que veio com um propósito de ungir o novo rei de Israel (I Samuel. 16: 12-13). O anjo do Senhor visita Gideão com um propósito: despertá-lo para o começo de uma nova história (Juízes. 6: 12).

O profeta Elias visita Eliseu com um propósito, de ungi-lo como profeta de Deus (I Reis 19:15), que logo depois, assumiu o lugar de Elias, quando foi trasladado. O Senhor em forma teofânica de um homem visita Jacó no vau de Jaboque e lutou com ele, com o objetivo (Genesis 32:22) de transformar o caráter dele. Os dois anjos visitaram a casa de Ló com um propósito, de salvá-los da ira de Deus sobre a cidade Sodoma e Gomorra, por causa do pecado daquelas cidades (Genesis 19:1).

4.   Fase da Provação

O que é o deserto? O que a bíblia diz sobre ele? Deserto é lugar de treinamento, amadurecimento, onde Deus nos prova para sermos aprovados. Alguns homens na história passaram pelo deserto, tais como Abraão, Isaque, Moisés, e até o próprio Senhor Jesus.

O deserto nos aproxima de Deus, nos tornamos mais dependentes dEle, onde vemos a providência do Senhor, como água a brotar da rocha, como uma nuvem de sombra durante o dia, e uma coluna de fogo durante a noite. Os inimigos jamais poderiam alcançar Israel no deserto, pois Israel estava com Deus e Ele com seu povo - era uma aliança.

Quando temos aliança com Deus, fortalecemos a nossa amizade com o Senhor, e com isso tudo passamos pelo deserto e vemos a provisão de Deus, assim como foi com Israel. As Escrituras garantem que essa provação terá um fim vejamos um pouco o que Cristo disse à igreja em Esmirna em Apocalipse 2:10:

> *"Nada temas das coisas que hás de padecer. Eis que o diabo lançará alguns de vós na prisão, para que sejais tentados; e tereis uma tribulação de dez dias. Sê fiel até à morte, e dar-te-ei a coroa da vida."*

Existem duas maneiras de encararmos as diversas perseguições e sofrimentos que tentam nos atormentar em virtude de nossa fé em Cristo. A primeira é darmos ênfase a eles; a segunda é olharmos firmemente para o autor e consumador da nossa fé, Jesus, o qual derrotou a morte e nos fez mais que vencedores nele e por ele:

> *"Mas em todas estas coisas somos mais do que vencedores, por aquele que nos amou." (Rm 8:37).*

> *"Porque para isto sois chamados; pois também Cristo padeceu por nós, deixando-nos o exemplo, para que sigais as suas pisadas. O qual*

*não cometeu pecado, nem na sua boca se achou en-
gano. O qual, quando o injuriavam, não injuriava,
e quando padecia não ameaçava, mas entregava-se
àquele que julga justamente" (1Pe 2:21-23)*

Devemos entender que há um sofrimento bíblico, e todo crente terá que lidar com isso. Sendo assim, Pedro apresenta-nos três verdades:

1. Todo cristão recebeu um chamado para sofrer;

2. Devemos seguir os passos de Cristo, imitando-o nos sofrimentos - ele é o modelo, o espelho;

3. Devemos nos entregar àquele que julga justamente - Jesus não revidava nem ameaçava, mesmo sendo injustiçado, mas confiava em Deus Pai.

Meus irmãos, essa mensagem não é muito consoladora para alguns, porém lembremo-nos de que nada que fizermos pagará o sacrifício do Senhor por nós. Uma das maneiras de expressarmos gratidão é servindo a ele em sua obra, enfrentando as várias oposições que surgem no desenvolver desse serviço, sempre cientes de que o maior habita em nós. Existe uma graça para padecermos por Cristo e pelo seu evangelho.

"E não somente isto, mas também nos glo-riamos nas tribulações; sabendo que a tribulação produz a paciência" (Rm 5:3).

Até quando seremos fiéis? Até onde vai nossa fidelidade? Quais os limites da nossa lealdade ao Senhor? O Supervisor das igrejas espera que sejamos fiéis até o fim, até a morte.

5 Quatro coisas que faltaram a Elias no Deserto.

1º   Faltaram Amigos:

Amigo fiel não tem preço, e não há palavras suficientes para expor a grandeza de um amigo. O amigo é um porto seguro para a alma, um pedaço solto de nós que sempre nos acompanha. Um amigo é bálsamo que revigora e cura nossos ferimentos, é aquele que, em pequenos gestos, tem o poder de ressuscitar as almas esmagadas pelas desventuras, transformando os nossos dias cheios de neve e de tristeza em dias cheios de sol e de alegria.

Queremos sempre ter um bom amigo, pois ele é um poço de esperança. Elias sentiu falta de um amigo quando veio o cansaço, já que não tinha quem pudesse carregá-lo ou ajudá-lo. Deus é o verdadeiro amigo, e quando não conseguimos mais lutar, Ele é o general da batalha que ganha a luta por nós.

2º   Faltou alimento no deserto:

Nosso corpo precisa ser alimentado. Jesus quando viu a multidão vindo ao seu encontro, primeiro alimentou a parte espiritual do povo, através dos ensinos que trazia relacionados ao reino dos céus. Mensagem de fé e esperança, libertação, salvação, quando muitos eram curados de suas enfermidades, e onde estavam mais de cinco mil pessoas, sem contar mulheres e crianças - todos com fome. Jesus pergunta aos discípulos se alguém tinha alguma coisa para dar de comer à multidão. Do meio de todos André grita "aqui tem um rapaz (ou menino) que tem cinco pães e dois peixinhos!" Era impossível alimentar tanta gente com tão poucos pães e peixes. Jesus que trabalha em favor de seu povo, pegou os pães e os peixes e os multiplicou, alimentando a multidão.

Devemos entregar o que temos nas mãos de Deus, e podemos aprender seis coisas com o menino:

1º Não negou ajuda;

2º Não murmurou;

3º Não pediu nada em troca;

4º Não questionou;

5º Possivelmente não conhecia André;

6º Não duvidou;

3º   Faltou água no deserto:

Faltou água para Elias no meio do deserto. Sem água era impossível continuar a caminhada, o que levou o profeta a desistir de prosseguir, fazendo-o deitar-se debaixo de um pé de zimbro e pedir a morte a Deus. Outros personagens bíblicos viveram esta mesma experiência, como Moisés, Deus fazendo brotar água da rocha, Agar e outros.

"Então se levantou Abraão pela manhã de madrugada, e tomou pão e um odre de água e os deu a Agar, pondo-os sobre o seu ombro; também lhe deu o menino e despediu-a; e ela partiu, andando errante no deserto de Berseba.

E consumida a água do odre, lançou o menino debaixo de uma das árvores e foi assentar-se em frente, afastando-se à distância de um tiro de arco; porque dizia: Que eu não veja morrer o menino. E assentou-se em frente, e levantou a sua voz, e chorou. E ouviu Deus a voz do menino, e bradou o anjo de Deus a Agar desde os céus, e disse-lhe: Que tens, Agar? Não temas, porque Deus ouviu a voz do menino desde o lugar onde está. Ergue-te, levanta o menino e pega-lhe pela mão, porque dele farei uma grande nação. E abriu-lhe Deus os olhos, e viu um poço de água; e foi encher o odre de água, e deu de beber ao menino." (Gênesis 21:14-19)

Agar sai de casa com três coisas apenas: o menino Ismael, pão e água no odre, com uma pequena esperança de chegar em algum lugar, pois o deserto era árduo - durante o dia um sol causticante de aproximadamente 50º C, e de noite o inverso, com uma temperatura de aproximadamente -5º C, sendo assim praticamente impossível sobreviver no deserto. Só quem tem promessa de Deus sobrevive no deserto!

Faltaram água e pão para o menino Ismael e sua mãe no deserto. Agar perdeu a esperança da sobrevivência do menino, mesmo sabendo que o menino tinha promessas, mas não tinha água e pão, duas coisas que são essenciais para a sobrevivência do ser humano (cientificamente o corpo humano é constituído por 70% a 75% de água). Exatamente neste momento que o nosso Deus trabalha na vida de quem tem promessas: faz brotar água na rocha, providencia carne no deserto, abre o mar vermelho, torna a água amarga em água doce e potável.

O menino despertou, as suas lágrimas molharam seu rosto, Deus ouviu a sua voz, e o Senhor fez Agar voltar ao menino. O Senhor veio ter com Agar no deserto, despertou a fé de Agar, ampliou a sua visão, renovou a sua esperança, e restituiu a sua força, porque o deserto não era o fim, mas sim o começo de uma grande história.

O Milagre sempre acontece na vida de quem tem promessas, quando Deus abriu seus olhos, ela viu uma fonte de água no meio do deserto.

4º   Faltou a Força

Davi, no Salmo 51, ora a Deus cansado do pecado, clamando ao Senhor por misericórdia, pois queria voltar a ser fiel e ter comunhão com Deus. Derramou suas lágrimas aos pés do Senhor, pediu renovação, e que não fosse retirado dele o Santo Espírito de Deus. A vida de Davi é um exemplo para todos os que estão no mesmo nível pecaminoso.

"Lava-me completamente da minha iniqui-dade, e purifica-me do meu pecado. Porque eu conheço as minhas transgressões, e o meu pecado está sempre diante de mim. Contra ti, contra ti so-mente pequei, e fiz o que é mal à tua vista, para que sejas justificado quando falares, e puro quando julgares. Eis que em iniquidade fui formado, e em pecado me concebeu minha mãe. Eis que amas a verdade no íntimo, e no oculto me fazes conhecer a sabedoria. Purifica-me com hissope, e ficarei puro; lava-me, e ficarei mais branco do que a neve. Faz--me ouvir júbilo e alegria, para que gozem os ossos que tu quebraste. Esconde a tua face dos meus pe-cados, e apaga todas as minhas iniquidades. Cria em mim, ó Deus, um coração puro, e renova em mim um espírito reto. Não me lances fora da tua presença, e não retires de mim o teu Espírito Santo. (Salmos 51:2-11) "

Pode faltar água e pão, amigos, força, mas nunca perca a sua fé! Pois o Senhor te fará mais do que vencedor!

6 Quatro coisas que não faltaram a Elias no Deserto.

|

1º   Não faltou presença de Deus

Elias só pode contar com a presença de Deus. É sempre assim, quando nós precisamos do auxílio ou da presença de alguém num momento de crise, nem sempre o encontramos. Ao longo de sua existência o homem vem sofrendo várias mutações no terreno social, e considero relevante refletir que a socialização e a própria existência humana se estruturam e se baseiam na relação dialética da cooperação, do socialismo e da ajuda mútua, mas no momento de maior consternação e intensa frustração, Elias viu-se desprovido de uma ajuda humana interativa.

Mas o próprio nome Elias, que no original hebraico significa "Jeová é Deus" ou "Jeová é meu Deus", já expressa seu caráter e sua função na história bíblica. Elias vivia na ação e na contemplação. Elias viveu as duras fadigas do corpo e do coração, mas respirou constantemente o Cristo. Elias esteve desprovido de muitas coisas, porém, não lhe faltou a presença de Deus. Pode nos faltar tudo nessa vida, mas uma coisa não nos pode faltar: Deus.

Foi assim com a mulher adúltera, flagrada no próprio ato de adultério. Todos queriam apedrejá-la, ferir sua moralidade e dar fim a sua vida (João 8:1-4). Mas, Jesus sabiamente colocou os acusadores daquela mulher adúltera em um beco sem saída, dizendo-lhes: *"aquele dentre vós que estiver sem pecado seja o primeiro que lhe atire pedra."* Jesus deu à mulher adúltera a oportunidade de retomar o curso da sua vida, sob um novo prisma, não mais pecando, não mais cometendo aqueles mesmos deslizes morais.

Vejam, meus amigos, como é grande a misericórdia Divina. Através do Perdão, a Divina Providência sempre nos dá oportunidade para recomeçarmos os nossos trabalhos e retificarmos nossas vidas, reparando os males perpetrados e moldando nosso caráter para melhor. É assim quando estamos fracos, as circunstâncias querem nos destruir, desfragmentar nossa estrutura e nos fazer parar, mas Deus na sua infinita misericórdia nos socorre e livra de todos ataques.

Por isso é bom ser amigo de Deus, pois Ele nos protege de todo mal, alegra o nosso coração e nos dá esperança para continuar no propósito. Caro leitor, você deve entender que estar no deserto não significa ausência de Deus, mas uma oportunidade para alcançar algo grande.

2º   Não faltou a brasa do altar de Deus

Em I Reis 18:24, Elias trava um desafio com os profetas de Baal e faz uma oração que projeta uma revolução no mundo espiritual. Elias oferece uma oferta tão memorável que captou a atenção de uma nação e posteriormente do mundo. Porém, todas as atitudes de Elias para oferecer aquela oferta a Deus eram proféticas, traziam uma mensagem para nós hoje. O que ele fez primeiramente? Restaurou o altar do Senhor, que fala da comunhão com Deus (18:34-35). Elias restaura o altar que estava quebrado, em seguida prepara a lenha, divide o bezerro e coloca sobre a lenha, enche de água quatro cântaros, e derrama sobre o holocausto e sobre a lenha.

Depois de tudo pronto, Elias clama ao Senhor, sob os olhares de todos, no momento do sacrifício da tarde (Jesus morreu na cruz nesse mesmo horário). Qual foi a oração que Elias fez para que Deus lhe respondesse com fogo? *"Ó Senhor, Deus de Abraão, de Isaque e de Israel, manifeste-se hoje que tu és Deus em Israel, e que eu sou teu servo, e que conforme à tua palavra fiz todas estas coisas".* Ele fez algumas citações, mostrando que estava dentro do projeto de Deus. Ele disse:

> *"Ó Senhor, Deus de Abraão, de Isaque e de Israel. Lembrou a Deus da promessa que fez que lhes daria uma terra. Outra citação: "Conforme à Tua palavra fiz todas estas coisas." (IRs 18:36)*

Elias não seguiu o seu coração, não foi o que ele pensou, inventou, tirou da sua cabeça, mas foi pela vontade de Deus. Também ele falou do propósito do Senhor, que era fazer o povo reconhecer que o Senhor é o Deus de Israel e tornar a servi-lo.

> *"Responde-me, Senhor, responde-me, para que este povo conheça que tu és o Senhor Deus, e que tu fizeste voltar o seu coração". (Vs 37)*

Assim é o nosso culto ao Senhor, o Deus de Israel:

HÁ O ALTAR - o nosso coração;

A LENHA - a nossa condição humana, cheia de defeitos, que precisa ser transformada pelo fogo do Espírito Santo;

A OFERTA - O Senhor Jesus, seu sangue derramado para perdão dos nossos pecados;

A ÁGUA DERRAMADA - A Palavra de Deus, o seu projeto;

Os quatro cântaros - os quatro aspectos que Jesus assumiu ao vir ao mundo para cumprir todo o projeto para salvação do homem (Rei, Servo, Homem Perfeito e Deus); o rego cheio de água - a Palavra do Senhor ao nosso redor, nos orientando o caminho a seguir. Então o fogo caiu do céu e consumiu tudo, demonstrando que Deus aceitou a oferta. E este fogo que consumiu o holocausto gerou uma brasa. Ao longo do tempo Deus vem usando esta brasa para purificar os seus servos e incendiar as nações, pois ninguém acredita em mensagem limpa pregada através de uma boca suja (IS 6:6,7).

A biografia de John Wesley é o reflexo desta brasa. Na Geórgia, a população inteira afluía à igreja para ouvir a sua pregação. A influência de seus sermões foi tal que depois de dez dias, uma sala de baile ficou quase inteiramente abandonado, enquanto a igreja se enchia de pessoas que oravam e eram salvas.

Whitefield, que desembarcou na Geórgia alguns meses depois de Wesley voltar à Inglaterra, assim descreveu o que viu: "O êxito de Jonh Wesley na América é indizível. Seu nome é precioso entre o povo, onde lançou os alicerces que nem os homens nem os demônios podem abalar, Oh! que eu possa segui-lo como ele seguiu a Cristo!" Contudo, a Wesley faltava uma coisa muito importante, conforme se vê pelos acontecimentos que o levaram a sair da Geórgia, como ele mesmo escreveu: "Faz dois anos e quase quatro meses que deixei a minha terra natal para pregar a Cristo aos índios da Geórgia; entretanto, o que cheguei eu a saber? Ora, vim a saber o que eu menos esperava: fui à América para converter outros, mas nunca fora realmente convertido a Deus".

Depois de voltar à Inglaterra, Jonh Wesley começou a servir a Deus com a fé de um filho e não mais com a fé de um simples servo. Acerca desse assunto, eis o que ele escreveu: "Não reconhecia que esta fé era dada instantaneamente, que o homem podia sair das trevas para a luz imediatamente, do pecado e da miséria para a justiça e gozo do Espírito Santo. Examinei de novo as Escrituras sobre este ponto, especialmente Atos dos Apóstolos. Fiquei grandemente surpreendido ao ver quase que somente conversões instantâneas; nenhuma tão demorada como a de Saulo de Tarso". Desde então começou a sentir mais e mais fome e sede de justiça, a justiça de Deus pela fé. Este é o poder efetivo da brasa do altar.

Isaías é prova disso. Um serafim tira do altar uma brasa viva, vermelha, fumegante, toca-lhe nos lábios e neste momento os seus pecados são purificados.

Depois de tocado pela brasa do altar Isaías nunca mais foi o mesmo, mas para que isto ocorresse algumas coisas foram necessárias:

1. V. 1 Isaías viu ao Senhor – você jamais será tocado pela brasa do altar se não consegue ver ao Senhor. Se você é um cego espiritual, que não consegue ver o agir de Deus, e que não será capaz de atender à voz do Pai quando Ele chamar.

2. V.5 Então, eu pensei – O fato de Isaías pensar significa que ele realmente havia visto o que aconteceu e isto o levou a refletir sobre sua vida.

3. V.5 Sou um homem pecador – Se você não se reconhece como pecador e indigno de ser tocado pelo Senhor, jamais alcançará a alegria de entender o que é ser dignificado pelo Cordeiro. Não somos dignos, e jamais seremos, porém o sangue de Jesus te tornará digno de receber o toque

de Deus. Após cumprir estes três passos, você estará pronto para ser tocado pelo Senhor e, quando isto ocorrer duas coisas acontecerão:

3.1. V.7 "PURIFICADOS ESTÃO OS SEUS PECA-DOS" – Quando o Senhor te tocar você será purificado de todos os seus pecados e não voltará a nenhum deles mais. O perdão de Deus é algo tão maravilhoso que a paz que se sente preenche todas as partes do coração do homem e quando você é perdoado a presença de Deus em tua vida será tão grande que não haverá espaço para seus antigos erros.

3.2. V.8 "EIS-ME AQUI" – A principal coisa que irá ocorrer quando o Senhor te tocar será que você irá se colocar à disposição de Deus para realizar a obra e compartilhar com os outros da maravilha que é ser tocado pelo Senhor. É muito triste quando encontramos pessoas que afirmam terem sido tocadas pelo Senhor, porém não mostram aos outros uma vida transformada, e isto não está de acordo com a mensagem do Senhor na Palavra. Isaías foi tocado por uma brasa do altar e se tornou um dos maiores profetas de Deus no antigo testamento, falando diretamente a reis. A ação de Deus na vida dele o tornou capaz de entrar na presença de governantes e líderes para transmitir o recado de Deus. Clame ao Senhor para que Ele te toque com a brasa do altar. Você será aquecido pelo fogo de Deus e também irá falar dele com ousadia e autoridade.

3º   Não faltou água de Deus

Não faltou água de Deus para Elias. Há vários elementos naturais que ganham significado religioso, sobretudo porque significam uma experiência vital. Este é o caso da água. A região onde a bíblia nasceu é praticamente deserta e a água é vista com olhos diferentes dos nossos, pois vivemos onde há em abundância. Na terra santa, a água é por excelência símbolo de vida. A experiência da falta de água é para eles difícil de esquecer (1 Reis 17,1 - Jeremias 14,3; Joel 1,20; Ageu 1,11).

A chuva, por isso, torna-se um sinal da bondade divina, e a água em geral simboliza a bênção de Deus e a renovação espiritual (salmos 23,2; Isaías 32,2; 35,6; 41,18). Sobretudo na visão de Ezequiel (47,1-12), a água corre debaixo do templo e simboliza a bênção que Deus dá a seu povo. E Jeremias descreve o Senhor como "fonte de água viva" (Jeremias 17,13), expressão usada por João em referência aos que crêem (João 7,38). João, no diálogo com a samaritana, também sublinha como Jesus está intimamente ligado a "água viva" (João 4).

No novo testamento é sublinhado ainda a ligação entre água e vida eterna, dom supremo de Deus (João 4,14; Apocalipse 7,17; 21,6; 22,1.17). Em Efésios 5,26 e Hebreus 10,22 a água, como elemento do batismo, purifica do pecado.

Talvez o papel da água como matéria para a purificação tenha feito crescer a fé na água benta como elemento de cura. No mundo judaico, o ato de lavar-se era um aspecto fundamental também no ambiente do culto. O povo também era aspergido (Números 8,7) e existia um ritual de purificação para os sacerdotes (Números 19,1-10), mas também a água eliminava a impureza de todos (Levíticos 11,40; 15,5, 22,6; Deuteronómio 23,11). Existia, inclusive uma "bacia" com água na arca da aliança, que lembrava a todos que antes de se apresentarem diante de Deus, precisavam se purificar (Êxodo 30,18-21).

Esses elementos, com certeza, formam a base sobre a qual se construiu a teologia sobre o batismo. Esse quadro também pode nos iluminar na interpretação dos milagres onde a água desempenha o seu papel: a cura de Naamã, graças à intervenção de Eliseu, que diz para ele lavar-se nas águas do Jordão (2Reis 5); a cura do enfermo na piscina de Betesda (João 5)

4º   Não faltou o pão de Deus

Deus, através do anjo, tocou em Elias e disse: Levanta-te e come. Deus estava dizendo "você precisa estar alimentado, fortalecido fisicamente". A alimentação permite a cada um de nós satisfazer um conjunto de necessidades, que vão desde o dispêndio energético, substâncias minerais e orgânicas, líquidos, aos simples prazeres do estômago. Ninguém sobrevive sem comer, é por isso que Jesus diz: Eu sou o pão vivo que desceu do céu. De sete modos diferentes, no evangelho de João, o Senhor Jesus usa uma metáfora para expressar algo de Seu caráter e obra.

No sexto capítulo ele descreve a si mesmo como o pão da vida. O que ele quis dizer com tal descrição? Ao comparar-se com o pão, Ele indica que é o sustento da vida: Sua Pessoa é tão indispensável para nós quanto o pão diário. Jesus é o nosso pão da vida, fonte eterna, caminho da vida, luz do mundo, bom pastor, videira verdadeira. O seu alimento dá-nos força para chegar longe! Levantemo-nos à sua chamada, alimentemo-nos na sua Palavra, saciemo-nos na sua fonte de Amor, pois a caminhada é feita ao andar e algo grande nos espera!

Como podemos nos alimentar Dele?

1º Através de sua Palavra;

2º Através da oração;

3º Através de sua presença;

4º Através dos louvores a Deus;

5º Através dos cultos;

6º Através da ceia do Senhor.

Então o anjo tocou pela segunda vez em Elias e disse: Levanta-te e come. Ele levantou e comeu, e com a força daquela comida caminhou quarenta dias e quarenta noites até Horebe, o monte de Deus. Você deve lembrar-se que Deus possui os elementos que te fará vencer todos os obstáculos desta vida.

Assim como Deus cuidou de Elias no deserto, com pão, água e brasa, ele cuidará de você. Jesus é o pão, a água representa a Palavra, a brasa é o Espírito Santo, é uma visão profética. Receba a proteção do Espírito Santo, seja cheio de força e fé. O deserto não vai limitá-lo, tome posse das promessas de Deus e não perca nem um minuto.

Minha vida sempre foi de milagres, e desde a minha juventude escolhi ser cheio do Espírito Santo. Aos dezesseis anos de idade tive minha primeira experiência de um grande milagre. Foi na cidade de Anápolis, no estado de Goiás, em uma quinta-feira a noite no ano de 1989, no hospital. Uma mulher havia pisado no espinho de cobra e já havia alguns anos que sofria muitas dores no osso da perna, estava muito inchada e gritava muito: Ai, ai, ai socorro, socorro, socorro!

Ouvindo aqueles gritos fiquei muito incomodado, saí do quarto, abri a janela, olhei para cima e disse para o Senhor: Vou voltar no quarto, usa-me Senhor, usa as minhas mãos! Foi o que disse para Deus naquela noite. Entrei no quarto com a bíblia na mão, abri no evangelho de Lucas 8:44, e enquanto eu estava lendo, a minha fé foi crescendo e perguntei se poderia orar por ela, ela disse sim.

No meio da oração ela deu um grito, bateu suas mãos nas suas pernas e disse: - Sarou, sarou, sarou! Naquela noite foi uma grande experiência, ela foi embora no dia seguinte, curada, para Glória de Deus.

É assim que Deus faz na vida de quem crê, Ele dá autoridade e nos capacita para realizarmos grandes obras. Há momentos que pensamos que não somos capazes, mas Deus nos chamou para curar pessoas, no nome de Jesus, libertar os cativos, motivar os desmotivados, mostrarmos o caminho do sucesso.

Você deve entender o que Deus preparou para ti, não fuja e não pare, abra sua visão. Observe que há um trajeto longo para seguir e uma vitória a conquistar. Se perder suas forças, lembre-se do profeta Elias que pensou que era o fim. A janela dos nossos olhos, pela qual projetamos nossa jornada, nos levará para a felicidade ou não. Pode influenciar o nosso dia-a-dia, a maneira de conduzir a nossa vida, pode determinar a nossa felicidade ou nossa infelicidade. Há pessoas que pensam em coisas que não deveriam pensar, porque não ajudam em nada. Passam minutos ou até mesmo horas com coisas que não vale a pena pensar.

Exemplos:

1º Pensar que não vale a pena lutar;

2º Pensar que não tem amigos;

3º Pensar que Deus não te ama;

4º Pensar que tudo está acabado;

5º Pensar que não precisa mais orar;

6º Pensar em parar;

7º Pensar que Deus nunca ajudou.

CONCLUSÃO:

Caro leitor, o que define sua aproximação de Deus é o seu querer. Você está tão perto de Deus quanto escolhe estar. A exemplo de qualquer amizade, devemos nos esforçar para desenvolver nossa amizade com Deus, sermos amigos dEle. É necessário querermos e dedicarmos tempo para isso. E quando isso acontece, a relação com Deus torna-se mais estreita e repleta de novos horizontes.

Mais do que qualquer outra coisa, devemos desejar ser amigos de Deus.

> *"Já vos não chamarei servos, porque o servo não sabe o que faz o seu senhor; mas tenho-vos chamado amigos, porque tudo quanto ouvi de meu Pai vos tenho feito conhecer."* João 15:16

Bibliografia

STAN, Saullo. Surpreendidos pela Eternidade. 2. ed. Pindamonhangaba: Teneo Publishing House, 2017. 114 p. Disponível em: <www.editorateneo.com>.

KINCHESKI, Daniel. A Ética Protestante e o Estado Democrático de Direito. Lisboa: Teneo Publishing House, 2018. 154 p. Disponível em: <www.editorateneo.com>.

AUGUSTO, Cesar. A Palavra professada gera vida. Pindamonhangaba: Teneo Publishing House, 2017. 96 p. Disponível em: <www.editorateneo.com>.

www.ingramcontent.com/pod-product-compliance
Lightning Source LLC
Chambersburg PA
CBHW020518030426
42337CB00011B/442